Harmonica Masterpiece Series vol.05

Korean Lyric Songs Repertoire

해모니카 명곡집 ⑤

가곡 편

그래서, 음악

머리말

어떤 위대한 사람이 말하기를 "음악을 이해하고 알려고 노력하지 않는 사람은 모반과 모략 그리고 약탈을 일삼을 수 있는 인간이다."라고 말했습니다.

음악을 생활화할 수 있고 음악으로 기쁨을 얻는 삶을 살 수 있기를 바라면서 이 책을 낼 수 있도록 항상 배려를 해 준 제 남편과 음악 작업을 도와준 나의 큰아들, 그리고 새 노트북을 사 준 제 막내아들에게 감사를 드립니다.

또 그래서음악 출판사 사장님께서 쾌히 승낙해 주심에 감사드립니다.

이 책이 하모니카를 사랑하는 모든 사람들에게 유익한 책이 되었으면 하는 바람입니다.

정옥선

저자 약력

경희대학교 교육대학원 수료
코리아 하모니카 앙상블 코드 주자
KBS 아침마당 출연
SBS 스타킹 출연
북경 아시아태평양 국제 하모니카 페스티벌 심사위원
제주 국제 하모니카 페스티벌 심사위원
효 신문사 주최 실버 하모니카 대회 심사위원
일본, 중국, 대만, 싱가포르, 말레이시아, 홍콩 등 아시아 국가와 미국,
유럽 국가 중 독일, 프랑스, 이탈리아, 스위스, 오스트리아 외 인도, 네팔 등
세계 여러 나라 순회 연주
현) 한국하모니카연맹 강북 지부장

저서

<하모니카 명곡집 시리즈, ① 클래식 편 ② 가요편 ③ 팝송편 ④ 영화음악편 ⑤ 가곡편 ⑥ 동요편 ⑦ 민요편 ⑧ 종합편 , 그래서음악>, <301 하모니카 명곡집, 스코어>

목차

하모니카 건강 증진 세계 선언문

하모니카는 남녀노소, 모든 사람들의 건강 증진에 매우 유익하다는 사실이 전 세계에 알려진지가 꽤나 오래되었습니다. 하모니카는 호흡 건강은 물론 육체적, 감성적, 정신적, 사회·문화적 및 영적 건강에도 도움이 되는 악기입니다. 세계 많은 하모니카 애호가들의 오랜 개인적 체험과 경험이 지지하듯이 하모니카는 건강 증진과 질병 예방, 질병 치료에도 효과가 있다고 믿고 실제로 도처에서 하모니카의 과학적 연구가 진행되고 있습니다.

최근 미국에서는 호흡기 환자에게 쓰는 통상적 치료방법의 보조기구로 하모니카 치료법을 사용하는 병원들이 점차 늘고 있습니다. 하모니카는 단순히 부는 악기가 아니라 숨을 들이쉬어 소리 나게 하는 특별한 악기로서 미국 도처에 있는 심폐 기능 회복촉진센터에서 사용하는 일반적 호흡촉진 의료기구와 유사한 효과가 있다고 믿습니다.

또한, 미국 미조리주 세인트루이스에서 개최된 미국음악치료연맹(AMTA) 2008년 년차 총회에서도 하모니카가 건강 증진과 치료 효과가 있다는 '하모니카 음악치료법'이 보고되었습니다. 하모니카는 만성호흡증, 수면 무호흡증, 불안신경증, 우울증, 스트레스 및 심장 또는 폐 기능에 문제가 있는 사람들에게 도움이 되며, 우리 몸의 면역 체계를 강화시켜 삶의 질적 향상과 생동력과 생산성 고조에도 도움이 된다고 합니다.

하모니카는 작고 간단하여 휴대하기 간편한 악기입니다. 보기에는 비록 작지만 소리가 아름다운 음악을 연주할 수 있는 음악성이 높은 악기로 우리의 건강 증진과 함께 삶의 재미와 기쁨을 더해 줍니다. 따라서 연령과 남녀노소와 건강 상태를 초월해서 세계 모든 만민들의 인기와 사랑을 받는 악기입니다.

따라서, "하모니카는 우리의 건강과 희망과 행복과 세계 평화가 함께 어우러지게 하는 악기로 칭송받고 있습니다." 이 선언문은 미국 하모니카 연맹(SPAH) 건강증진위원회, Harmonics and Health Committee(HHC)의 위원장이 초안하고 세계 하모니카 연주자들이 서명하였고 저명한 훈련 지도자 및 유수한 의료인들이 지지하고 서명한 것으로, 2009년 8월 11일부터 15일까지 북가주 새크라멘토 시에서 개최된 연맹 창립 46주년 기념총회에서 발표되었습니다.

이상의 하모니카 건강 증진 세계 선언문을 이 책의 서문으로 사용하고자 합니다. 많은 사람들의 하모니카 사랑을 기대해 봅니다.

하모니카 이야기

   하모니카는 기원전 3,000년경에 만들어진 것으로 전해지고 있습니다. 중국에서 리드 (Reed)를 가진 쉥 (Sheng)이라는 악기가 만들어졌으며, 이 악기의 원리에 의해 16 세기 초에는 지금의 하모니카와 비슷한 악기가 만들어진 것으로 되어 있습니다. 18세기 초에 와서 개량되어져 1821년에 '크리스천 부슈만(Christian Bushman)'이라는 16세 소년이 지금의 하모니카와 비슷한 악기를 만들었는데 이 악기는 '아우라(Aura)'라고 불렸고 메탈 리드(Metal Reed)를 사용했고 크기는 10cm 정도였으며 15음계로 멜로디를 연주할 수 있었다고 합니다.

   1827년경 현재 호너(HONNER)사가 있는 독일의 작은 도시 트로싱겐에서 지금 하모니카와 비슷한 '마우스-하프(Mouse-Harp)'라는 악기가 만들어졌고, 1857년 호너사의 창시자인 '마티아스 호너(Mattias Honna)'가 하모니카를 생산하기 시작해 1986년에는 10억 개째 하모니카가 출시되었고 지금은 여러 나라에서 하모니카가 생산 판매되고 있습니다.

   우리나라에는 1920년경부터 소개되고 '평양 YMCA 하모니카 밴드', '쎈니 하모니카 5중주단', '고려 하모니카 합주단' 등이 활동하였고 한국전쟁 이후 우용순, 최영진, 이덕남, 이혜봉, 선생님 등의 공헌으로 발전하였습니다. 지금은 하모니카 단체도 많고 강사진도 많아서 하모니카 동호인들도 활동이 많고 저변확대 및 발전에 노력을 많이 하고 있습니다.

   국제 행사로는 '아시아 태평양 페스티벌'이 격년으로 열리고 있고 '세계 하모니카 페스티벌'은 매년 열리고 있습니다. 우리나라는 2000년에 제3회 아시아 태평양 대회를 개최한 바가 있고 매 대회 때마다 우수한 성적을 내고 있습니다.

하모니카의 종류

• 트레몰로(복음) 하모니카

하모니카는 위아래 두 개의 구멍으로 한 음을 소리 내는 특징이 있으며 소리의 떨림 효과를 낼 수 있는 악기입니다. 주로 중국, 일본, 한국 등 아시아에서 많이 사용하는 하모니카입니다.

• 미니 하모니카

하모니카 중 가장 작은 것으로 되어있고 4구멍으로 되어있으며 1구멍에 2개의 음을 내기 때문에 8음, 즉 1옥타브 연주를 할 수 있습니다. 목걸이와 같은 장식용으로 쓰이기도 합니다.

• 다이아토닉(Diatonic) 하모니카

10구멍으로 되어있으며 주로 통기타 가수나 보컬을 하는 사람들이 많이 사용하며 서양에서는 블루스, 컨트리, 록 같은 현대 음악이나 재즈 음악을 연주하는 악기로 사용되고 있습니다. 장음계, 단음계의 각 조성별로 24종류의 악기가 있습니다.

• 크로매틱(Chromatic) 하모니카

다른 하모니카와는 달리 ♯(샤프)나 ♭(플랫)을 자유롭게 연주할 수 있도록 옆에 버튼이 붙어 있습니다. 12구멍과 16구멍짜리가 있으며 주로 독주나 클래식 연주에 주로 사용됩니다. 유럽 쪽에서 선호하는 악기입니다.

• 코드(Chord) 하모니카

중주나 합주 등을 연주할 때 멜로디를 도와 화음만을 연주하는 하모니카로 베이스가 붙어 있는 하모니카와 화음만 낼 수 있는 **두** 종류가 있습니다. 드럼 역할도 하며 메이저, 마이너, 세븐스, 디미니쉬, 어그먼트 등 43종의 화음을 낼 수 있습니다.

• 옥타브(Octave) 하모니카

복음 하모니카의 종류로 복음 하모니카는 윗구멍과 아래 구멍이 같은 음으로 되어 있지만 옥타브 하모니카는 윗구멍과 아래 구멍이 한 옥타브 차이로 되어 있습니다.

• 베이스(Bass) 하모니카

저음을 내기 때문에 합주를 할 때 사용되며 브라스밴드의 수자폰이나 오케스트라의 콘트라베이스와 같은 역할을 합니다. 마시는 음이 없이 부는 음으로 구성되어 있습니다.

• 파이프 하모니카

오케스트라의 호른과 같은 소리를 낸다고 해서 호른 하모니카라고도 합니다. 소프라노, 알토, 두 종류로 구분되어 지고 타원형의 파이프로 감싸여 있어 소리가 양옆으로 나오며 아름답고 부드러운 소리가 납니다.

• 글리산도(Glissando) 하모니카

음의 배열이 복음이 아닌 단음, 반음으로 되어 있기 때문에 합주할 때 꾸밈 역할을 해서 묘미를 줍니다.

• 회전식 하모니카

복음 하모니카 6개 장조(A, B, C, D, F, G)를 하나로 묶어 놓은 것으로 곡의 필요에 따라 악기를 선택해서 연주할 수 있게 되며 보기 드문 악기이므로 연주 때 시선이 집중됩니다.

이 밖에도 150여 종류로 다양한 모양의 악기가 있습니다. 앞으로 쓰임새나 소리, 모양 등이 더욱 발전할 것입니다.

하모니카 연주 자세와 호흡법

1. 하모니카 양 끝부분에 엄지 첫마디를 악기와 대각선이 되도록 가볍게 올려놓습니다.

2. 검지의 한마디 반 정도를 위쪽 커버에 얹은 후 중지 두 번째 마디까지를 하모니카 뒤쪽에 받쳐주면 됩니다.

3. 악기는 저음이 왼쪽, 고음이 오른쪽이 되도록 합니다.

4. 악기의 위치는 수평보다 약 10도 아래로 향하게 하여 연주합니다.

5. 허리는 구부리지 않고 똑바로 폅니다.

6. 얼굴은 항상 정면을 향하고 하모니카를 밀거나 당겨서 소리를 냅니다. 입술이 악기를 따라가면 안됩니다.

7. 어깨는 위로 올라가지 않게 합니다.

8. 양쪽 팔꿈치는 옆구리에 닿지 않도록 달걀 하나 정도 차이로 벌려 줍니다.

9. 호흡은 복식호흡을 하여 아랫배의 힘을 유지하도록 합니다.

하모니카 부는 방법

• 텅잉(Tonguing)

짧은 박자의 동일한 음을 연속적으로 연주할 때에 횡격막과 목구멍을 통한 바람의 세기와 길이를 제어하는 방식으로는 빠른 연주(속주)에 대처하기가 어렵습니다. 이런 경우 혀를 사용하는 Articulation의 한 방법인 텅잉에 의해 음을 내는 강도와 길이를 조절할 수 있습니다. 혀를 입천장에 붙였다 떼었다 하는 방식으로 '토-토'나 '타-타' 같은 소리를 내는 느낌으로 바람의 흐름을 끊거나 열어주면 됩니다. 약간 부드러운 표현은 '다-다' 또는 '도-도'와 같은 발음을 하는 느낌으로 하면 됩니다.

    * 싱글 텅잉(Single Tonguing) - 타, 타, 타, 타

    * 더블 텅잉(Double Tonguing) - 타다, 타다

    * 트리플 텅잉(Triple Tonguing) - 타다다

    * 혀가 입천장에 닿지 않고 하는 방법 - 가, 가, 하, 하

    * 텅잉에 의해 혀를 사용하는 방법 즉 혀가 입천장에 닿는 느낌으로 하는 방법 - 토-토-토, 도-도-도

    * 아주 빠른 곡은 혀를 굴리는 느낌으로 - 다라라, 다라라

• 퍼커(Pucker) 주법

입술 모양을 '오' 또는 '우' 모양으로 만들어 휘파람을 불 때처럼 입을 오므려서 세 칸 정도 물고 불면 양쪽은 마시는 음이기 때문에 부는 음 '도' 소리가 납니다.

    * 주의: 얼굴은 움직이지 말고 하모니카를 움직여서 소리를 내야 합니다.

• 텅 블럭(Tongue Block) 주법

혀와 입술을 모두 사용하며 입술의 폭을 넓게 하여 하모니카의 여러 구멍을 문 다음 혀를 사용하여 필요하지 않은 구멍을 막아서 필요한 음만을 내는 경우를 말합니다.

텅 블럭 주법을 완전히 익혀야 베이스 주법이나 화음 주법, 분산화음 주법을 할 수가 있습니다.

    * 텅 블럭으로 연주하면서 혀를 박자에 맞게 떼었다 붙이면 3홀 베이스, 5홀 베이스, 옥타브 베이스, 분산화음 베이스가 됩니다.

    * 혀로 어느 구멍을 얼마만큼 어떻게 막느냐와 어떻게 얼마만큼 열고 부느냐에 따라서 3홀, 5홀, 7홀, 9홀, 분산화음이 됩니다.

001 가고파

이은상 작사 / 김동진 작곡

002 가는길

김소월 작사 / 이유선 작곡

14

003 가려나

김안서 작사 / 나운영 작곡

가시덤불 가곡

김소월 작사 / 김성태 작곡

고향

박상경 작사 / 신귀복 작곡

고향을 그리며

3 4 3 2 1 7 6 7 6 5 4 3 2 3 2 1 7 6 5 6 5 4 3 2 2. 5. 2. 5.

Am · Dm · Am · Dm · E

6 6 3 3 4 3 ♯2 3. 2 1 7 6 7. 7 0

꼬 불 꼬 불 좁 다 란 오 솔 길 따 라
흰 눈 이 소 리 없 이 쌓 이 는 밤 엔

Am · E · Am · E⁷ · Am

6 7 1 2 3 2 1 7. 1 1 7 7 6. 6 0

어 린 시 절 휘 파 람 불 며 오 가 고
사 랑 방 이 야 기 손 끊 이 지 않 고

E · Am · E

7 7 7 1 2 2 1 7. 6 7 1 2 3. 3 0

풀 피 리 꺾 어 불 던 저 언 덕 넘 어
화 로 속 에 묻 어 논 군 밤 내 음 에

Dm · Am · E · Am · E⁷ · Am

4 4 3 2 1 6 7. 1 7 6 ♯5 6. 6 0

노 란 꽃 붉 은 꽃 철 따 라 피 네
밤 깊 은 줄 모 르 고 애 기 꽃 피 네

E · Am · Dm · Am · E

7 7 3 1 1 6. 7 1 2 3 5 4 3. 3 0

오 늘 도 그 리 는 정 든 내 고 향

Dm · Am · E · Am · E⁷ · Am

4 4 3 2 1 6 7. 1 7 6 ♯5 6. 6 0

아 가 고 파 먼 하 늘 본 다

고독

황인호 작사 / 윤용하 작곡

가사를 생각하며

밤 은 고 이 흐 르 는 데 어 데 선 가 닭 소 리

산 뫼 에 선 달 이 뜨 고 먼 산 숲 의 부 엉 소 리

외 롭 다 내 맘 의 등 불 꽃 같 이 피 어 졌 나 니

내 사 랑 불 되 어 타 고 님 생 각 아 내 마 음 에 차 라

사 랑 아 내 사 랑 아 너 홀 로 날 개 돋 아

19

고풍의상

조지훈 작사 / 윤이상 작곡

008 고향 그리워

만향 작사 / 이흥열 작곡

22

25

1. 2 3 5 6 5 i̇ - 5 - 5. 3̲ 1 6̣ 2 - - 0

어 린 몸 이 자 라 나 던 고 향 그 리 워

29

3. 2 1 3 5 i̇ 7 - 6 - 5̲ 1̇. 3 2 1 - - 0

서 쪽 하 늘 쳐 다 보 며 눈 물 집 니 다

33

2. #1 2 3 4 6 5 - 3 - 5̲ 3̲ 7 - i̇ 5 - - 0

단 풍 잎 은 바 람 결 에 펄 펄 날 리 고

37

i̇. 7̲ 6 5 4 3 2 - 6 - 5̲ 4̲ 3 - 2 1 - - 0

애 달 프 게 벌 레 들 은 울 어 쌌 는 데

41

3 5 6 3 5 6 7 3 i̇. 5̲ 3 1 6̣ - - 0

어 리 몸 이 자 라 나 던 고 향 그 리 워

45 *f*

5̲ 6̲ 7̲ i̇ 3̲ 4̲ 5̲ 6 5̲ 1̇. 2̇ 7 i̇ - i̇ -

서 쪽 하 늘 쳐 다 보 며 눈 물 집 니 다

고향(정원상)

심영섭 작사 / 정원상 작곡

고향생각(현제명)

현제명 작사 / 작곡

011 고향의 노래

김재호 작사 / 이수인 작곡

012 그네

김말봉 작사 / 금수현 작곡

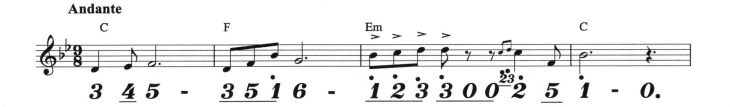

013 국화 옆에서

서정주 작사 / 이호섭 작곡

서정적으로

그 집 앞

이은상 작곡 / 현제명 작사

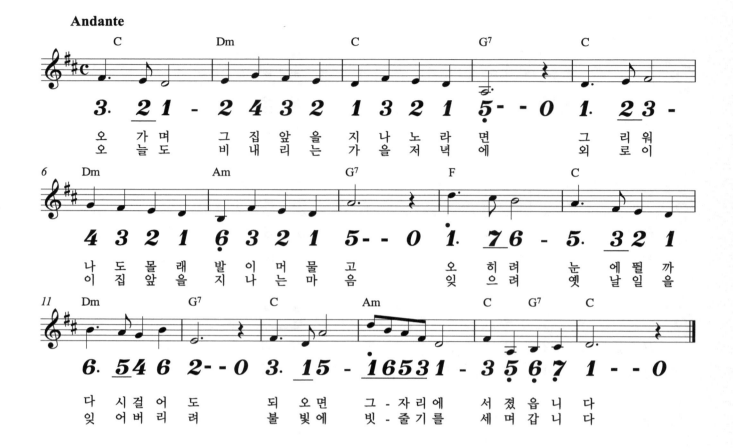

Andante

```
C           Dm              C           G⁷          C
3·  2 1 -  2 4 3 2  1 3 2 1  5 - - 0  1·  2 3 -
오  가 며   그 집 앞 을  지 나 노 라  면        그  리 워

오  늘 도   비 내 리 는  가 을 저 녁  에        외  로 이
```

```
Dm          Am              G⁷          F           C
4 3 2 1  6̣ 3 2 1  5 - - 0  1·  7 6 - 5·  3 2 1
나 도 몰 래  발 이 머 물  고        오  히 려   눈  에 띌 까

이 집 앞 을  지 나 는 마  음        잊  으 려   옛  날 일 을
```

```
Dm          G⁷          C           Am          C    G⁷   C
6·  5 4 6  2 - - 0  3·  1 5 -  1 6 5 3 1 - 3 5̣ 6̣ 7  1 - - 0
다  시 걸 어  도        되 오 면   그 - 자 리 에  서  졌 읍 니  다

잊  어 버 리  려        불 빛 에   빗 - 줄 기 를  세  며 갑 니  다
```

그대있음에

김남조 작곡 / 김순애 작사

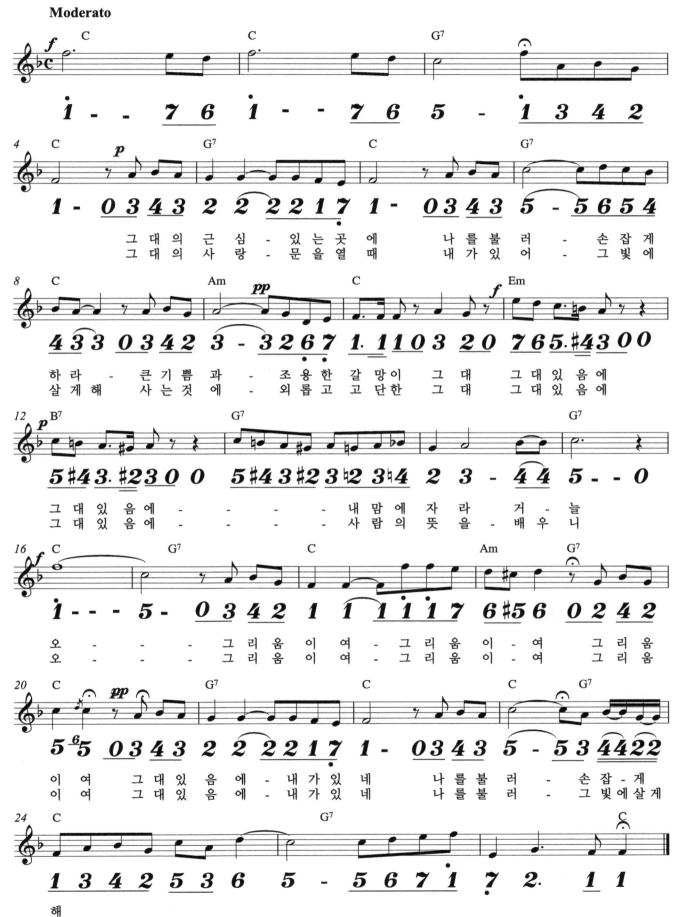

그리운 금강산

한상익 작사 / 최영섭 작곡

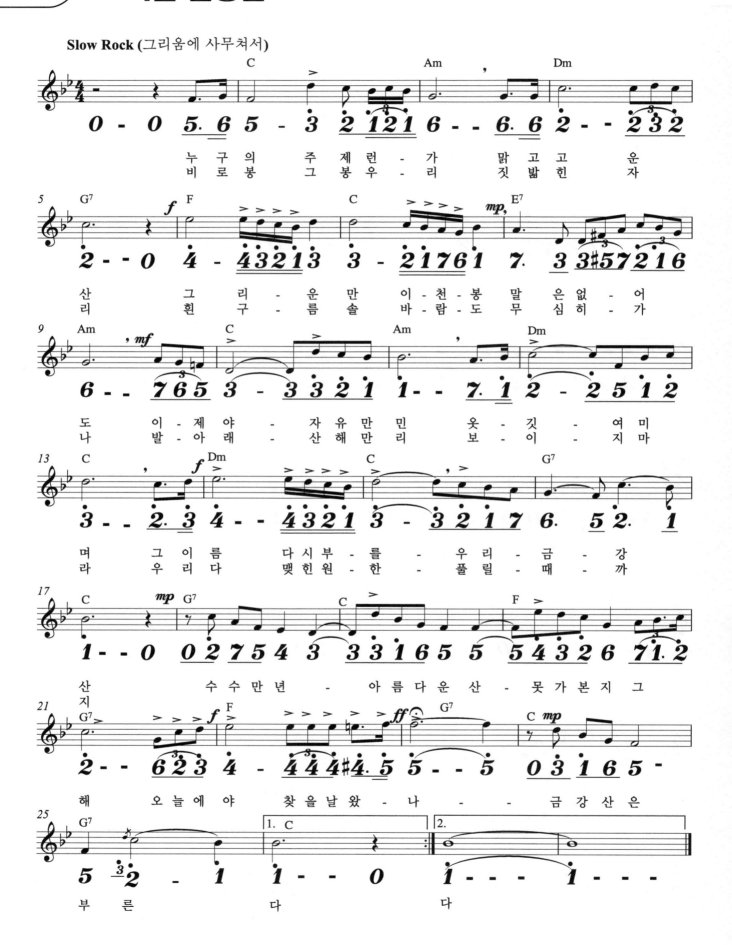

그리움(김진균)

이종택 작사 / 김진균 작곡

Andantino

그리움(이수인)

박목월 작사 / 이수인 작곡

Moderato

구 름가네구름가 - 네　강 을건너구름가 - 네

그 리움에날개펴 - 고　산 너머로구름가 네

구 름 이야　날개펴 - 고　산 너머로가 련 - 마 는

그리움(김희조)

이호로 작사 / 김희조 작곡

그리움(홍난파)

이은상 작사 / 홍난파 작곡

애원의 정으로

그리워

이은상 작사 / 채동선 작곡

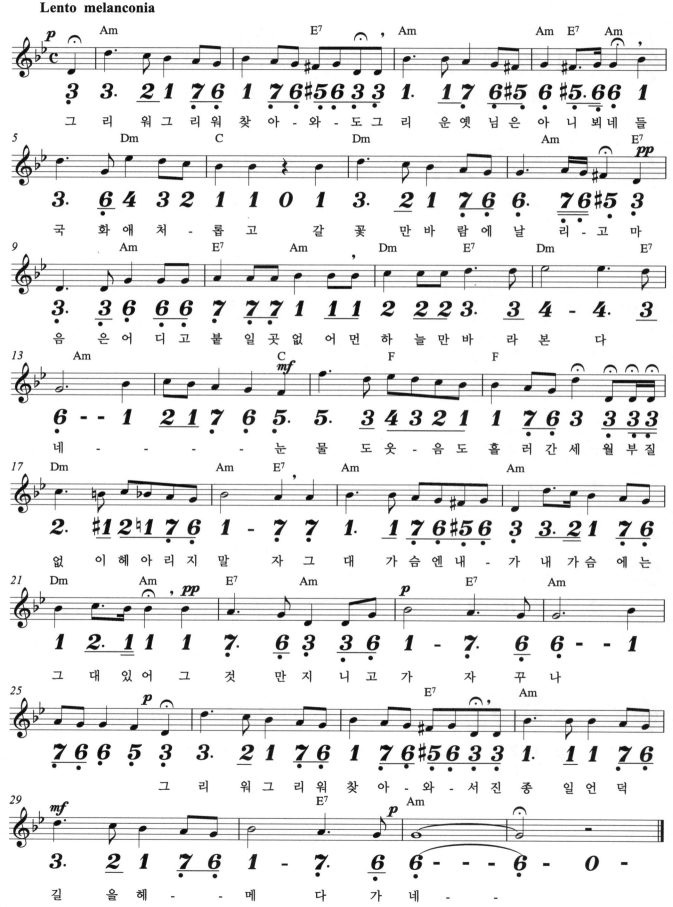

022 금강에 살어리랏다

이은상 작사 / 홍난파 작곡

기다림(나운영)

박기원 작사 / 나운영 작곡

기다림(김규환)

김지향 작사 / 김규환 작곡

025

꽃구름 속에

박두진 역사 / 이흥렬 작곡

Allegretto

0 4 2 7 5 7 2 4 5 7 2 4 5 7 2 4 0 0 3 1234 3 2 1 5 3 1234 3

2 1 3 7 5 6 7 1 2 1 7 2 7 5 6 7 1 2 1 7 1 0

1 6 5 3 4 5 6 6 1 7 2 1 5 1 7 6 5 -

꽃바람 꽃바람 마 을마다 훈 훈히 불 어 오 라

1 6 5 3 4 5 6 6 7 1 2 - 3 3 2 1 6 7 1

복사꽃 살구꽃 화 안한 속 에 구 름처럼 꽃구름

6 7 1 3 4 5 3 4 5 2 4 3 2 1 - 1 6 5

꽃구름 - - 화안한 속 에

3 4 5 2 4 3 2 3 5 1 5 4 3 3 4 5 5 1 1 2 2

꽃 가 루 흘 뿌 리 어 마 을 마 다

3 0 5 0 1 6 5 1 7 6 7 1 - 1 6 5 3 4 5

진 한 꽃향기 풍 - 기 어 라

6 5 4 3 2 3 4 5 1 6 5 #2 4 5 #5 ♮5 4 #2 2 #2

42

꿈

조용필 작사 / 작곡

Go Go

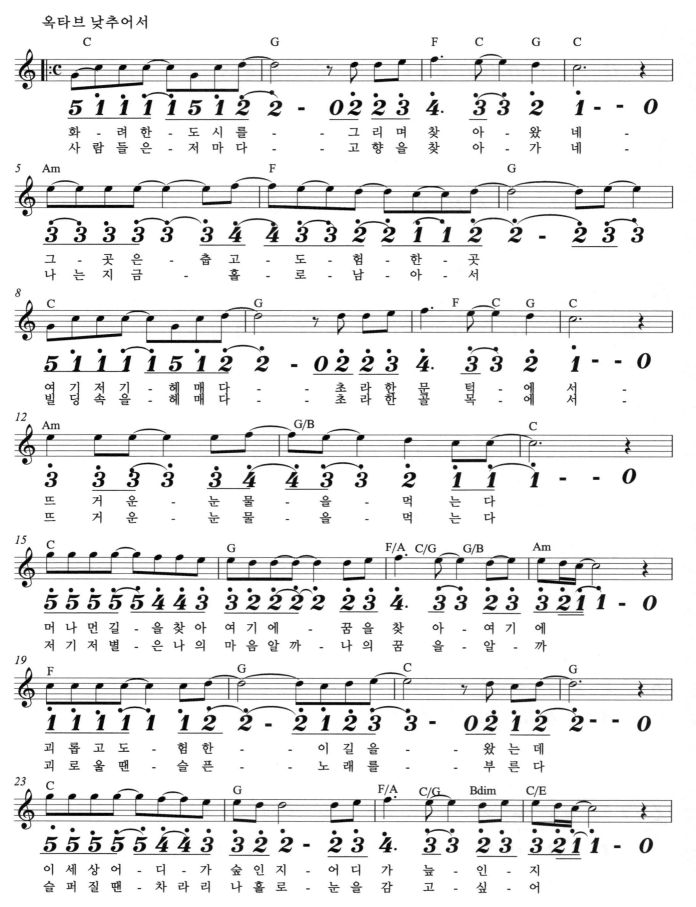

027 나그네(김원호)

박목월 작사 / 김원호-작곡

나물 캐는 처녀

현제명 작사 / 작곡

Allegretto grazioso

029 낙동강

이은상 작사 / 윤이상 작곡

민요풍으로

030 낙엽(정원상)

조지훈 작사 / 정원상 작곡

Moderato Espressivo

낙엽(박찬석)

정삼주 작사 / 박찬석 작곡

Andantino Sentimento

이 슬 내 린 언 덕 길 에 너 와 마 주 서 설 은 이 별
우 - 리 들 사 - 랑 은 흘 러 갔 어 도 내 가 슴 속

서 로 나 눌 때 은 행 잎 은 하 나 둘 씩
피 는 순 정 은 그 리 운 밤 여 수 의 날

꽃 처 럼 지 고 노 랑 잎 이 또 하 나 지 고
피 는 가 랑 잎 하 나 둘 씩 떨 어 져 내 려

꿈 길 에 나 꽃 길 에 나

032 낙화(김달성)

조지훈 작사 / 김달성 작곡

내 마음의 노래

윤상렬 작시 / 작곡

내 마음

김동명 작사 / 김동진 작곡

035 내고향

내마음 적시리

박정민 작사 / 오동일 작곡

Adagietto alla dolore

농민의 노래

김종진 작사 / 작곡

농민을 생각하며

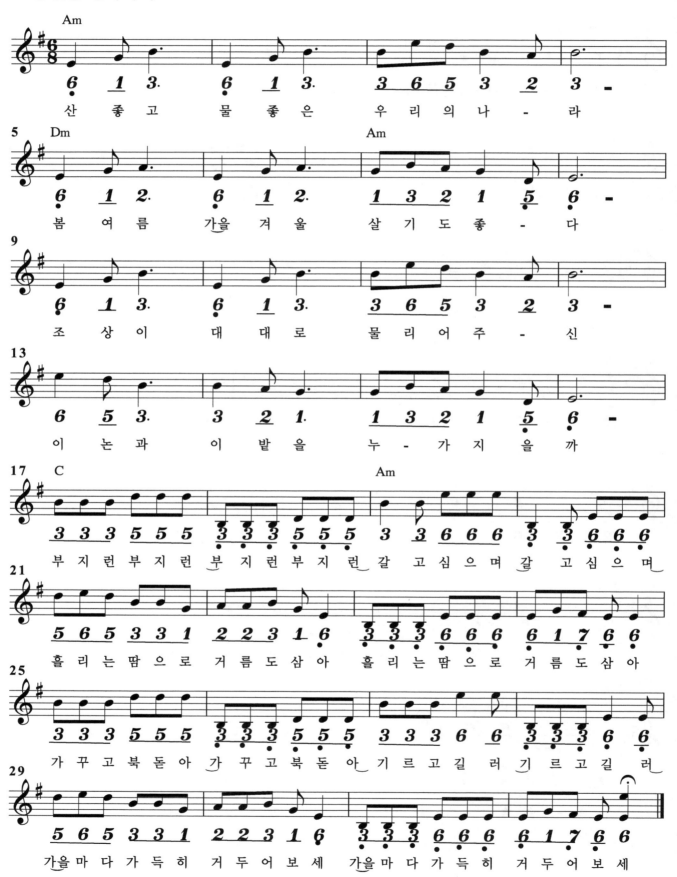

038 님이 오시는지

박문호 작사 / 김규환 작곡

네 잎 클로버

김순애 작사 / 작곡

040 니나

현제명-작사 / 작곡

041 눈 내리는밤

박인국 작시 / 이흥렬 작곡

042 달밤

김태오 작사 / 나운영 작곡

Allegro Moderato

043

도라지 꽃

박화목 작사 / 윤용하 작곡

아름다운 마음으로

3 3 4 3 3. 4 4 5 4 4. 2 2 3 2 2. 1 1 2 1 1.

3 6 5 3. 2 1 6 3. 2. 6. 5 4 3.
도 라 지 꽃 풀 초 롱 꽃 홀 로 펐 - 네

3 6 5 3. 2 1 6 3. 2. 6. 5 2 1.
솔 바 람 도 잠 - 자 는 산 골 짜 - 기

5 5 5 6 0 2 2 345. 4 6 7 1 4 3 2. 2 0
옛 부 터 돌 돌 - 흘 러 온 흰 - 물 한 줄 - 기

3 6 5 3. 2 1 6 3. 2. 6. 6. 5 2 1.
한 밤 중 엔 초 록 별 내 려 몸 씻 는 소 - 리

044 도래춤

김안서 작사 / 박태준 작곡

민요 풍으로

동무 생각

이은상 작사 / 박태준 작곡

청라--푸른담쟁이

동심초

김안서 작사 / 김성태 작곡

들국화(김대현)

장수철 작사 / 김대현 작곡

사랑스럽게

0 5̣ 6̣ 1 2 3 5 6   0 5̣ #4 5 6 5 #4 3   0 3 #2̣ 3̣ 3̣ 2̣ 3̣ 1 6̣   1 - - 0

0 5̣ 6̣ 1 2 3   3 2 1 6̣ 1 2   0 3 5 5 6̣5̣6̣ 5. 3̣ 5̣ 0

흰 구 - 름 이 - 떠 도 - 는 - 가 을 언 덕 - 에
실 바 - 람 이 - 불 어 오 는 - 가 을 언 덕 - 에

0 6̣ 6̣ 5̣ 3̣ 2̣ 3̣   1 2 1 6̣ 1 1 -   0 6̣ 5̣ 6̣ 5̣ 6̣ 1 6̣   2 - - 0

한 떨 - 기 - 들 국 - 화 가 - 피 고 - 있 - 는 - 데
말 없 - 이 - 들 국 - 화 가 - 피 고 - 있 - 는 - 데

0 3 1 6̣ 5̣ -   0 6 5 4 3 -   0 1 7 6 7 #5̣   6 6̣ 1 3

그 누 구 를   남 몰 - 래   사 모 - 하 기 에
그 누 구 도   안 오 - 는   외 로 - 움 속 에

0 5̣ #4 5 3 5 5   0 6 5 3 2 1 1   0 2 6̣ 5̣ 6̣ 1̣ 2̣   1 - - 0

오 늘 - 도 - 가 련 하 게 - 구 름 만 - 돈 - 다
오 늘 - 도 - 가 슴 태 워 - 기 다 려 - 본 - 다

048 들국화(정세문)

심순섭 작사 / 정세문 작곡

또 한송이의 나의 모란

김용호 작사 / 조두남 작곡

Moderato

```
f  C                        mp C    G7        C
3.  2̲ 1̲ 7̲ 6̲  1̇  7̲ 6̲ 5̲ 4  3.  6̲ 5̲ 1̇ 3̲ 2̲  1 - 5 4 3 2

mf C            G              C              F
5  1̇ 5̲ 4̲ 3  2 - 4̲ 2̲ 1̲ 7̲  1.  3̲ 5̲ 1̇ 7̲ 5̲  6 - 5̲ 4̲ 3̲ 2̲
모 란 - 꽃 피 는 - - 유 월 이 - 오 - 면
행 여 - 나 올 까 - - 창 문 을 - 열 - 면

mp C            G              C    G7        C
5  1̇ 5̲ 4̲ 3  2 - 5̲ 4̲ 2̲ 7̲  3.  6̲ 5̲ 1̇ 3̲ 2̲  1 - 1 2 3 4
또 한 송 이 의 꽃 - - 나 - 의 - 모 - 란
또 한 송 이 의 꽃 - - 나 - 의 - 모 - 란

mp G7          C              G   mf C          G7
2 - #1̲ 2  3̲ 4̲ 5̲ 6̲  5 - 1.  5̲ 4̲ 3  5̲ 4̲ 3̲ 2̲ -
추 억 은 아 름 다 - 워 밉 - 도 록 아 름 다 워
기 다 려 마 음 조 - 려 애 - 타 게 마 음 조 려

p  C              mf            f                    G
0̲ 1̲ 1̲ 3̲ 5 - 0̲ 1̲ 7̲ 6̲ 5 - 1̇ 1̇ 1̇ 7̲ 7̲ 1̇ 1̇  2 - 5̲ 7̲ 1̇ 2̇
해 마 - 다 해 마 - 다 유 월 을 안 고 피 는 꽃
이 밤 - 도 이 밤 - 도 달 빛 을 안 고 피 는 꽃

f  C                        p  C    G7        C
3.  2̲ 1̲ 7̲ 6̲  1̇  7̲ 6̲ 5̲ 4  3.  6̲ 5̲ 1̇ 3̲ 2̲  1 3̲ 5̲ 1 0
또 한 송 이 의 또 한 송 이 의 나 - 의 - 모 - 란
```

모란 여정

박목월 작사 / 박경규 작곡

Sostenuto

목련화

조용식 작사 / 김동진 작곡

가사를 생각하며

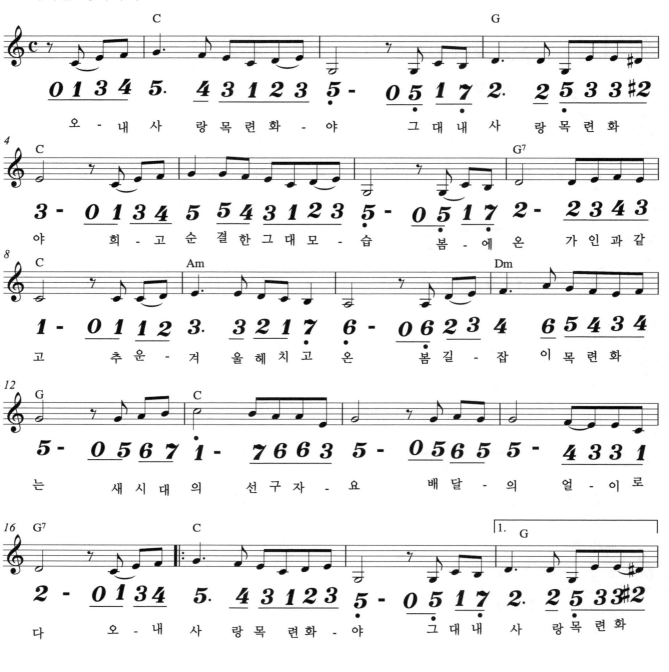

무곡(김연준)

김연주 작사 / 작곡

Tempo di Waltz

물레(김순애)

김안서 작사 / 김순애 작곡

Comodo

물방아(김원호)

정인섭 작사 / 김원호 작곡

Moderato Cantabile

055 바위고개

이흥렬 작사 / 작곡

느낌을 살려서

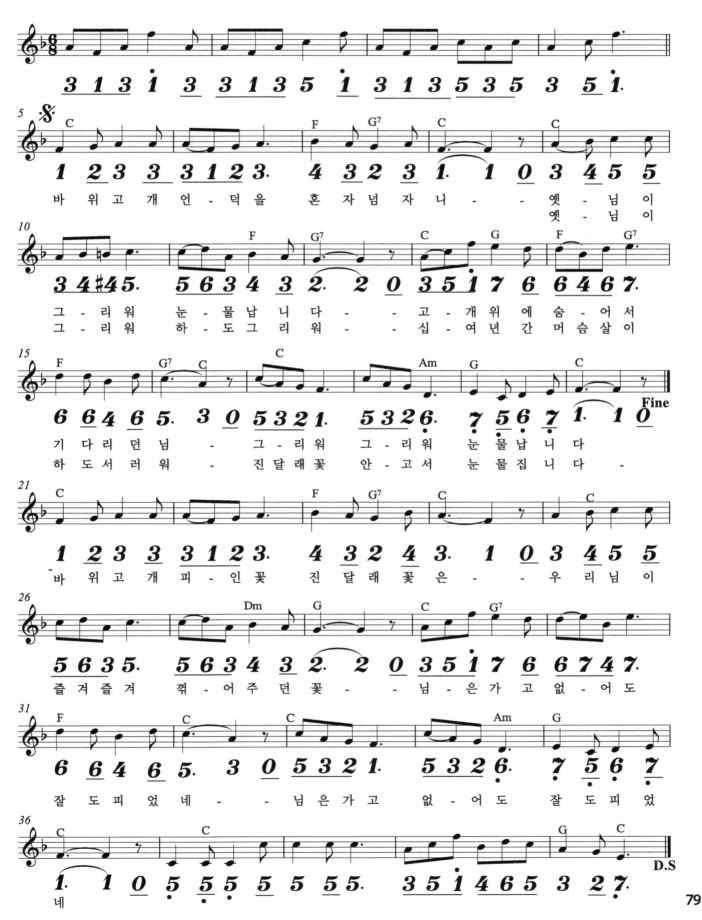

056 밤(정대범)

김소월 작사 / 정대범 작곡

057 뱃노래

석호 작사 / 조두남 작곡

가볍게 민요풍으로

058 별

이병기 작사 / 이수인 작곡

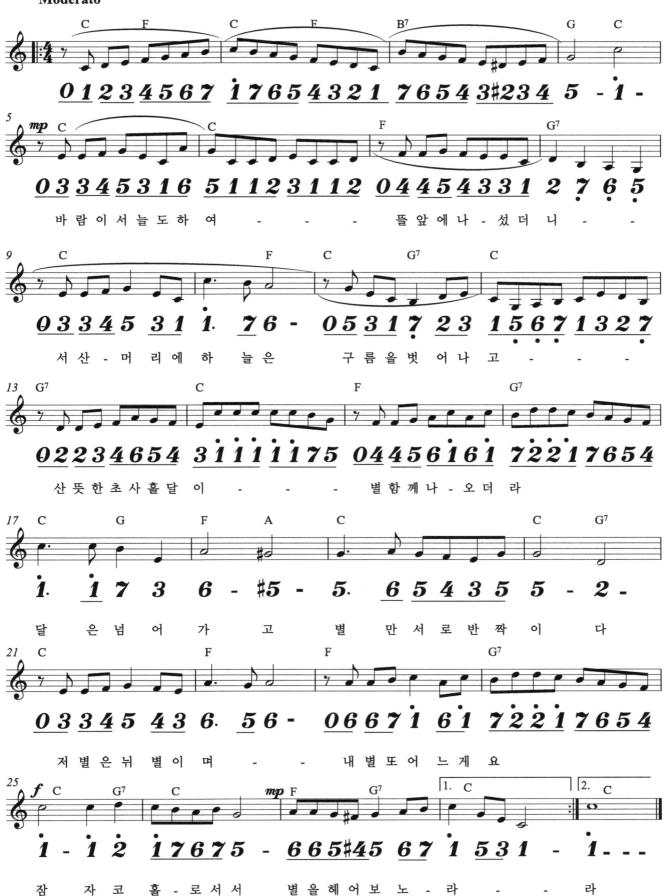

059 보리 피리

한하운 작사 / 조념 작곡

061 봄노래

김광섭 작사 / 나운영 작곡

가볍고 빠르게

봄바람

김안서 작사 / 박태준 작곡

Moderato

봄이 오면

파인 작사 / 이흥열 작곡

064

봄처녀

이은상 작사 / 홍난파 작곡

봉숭아

김형준 작사 / 홍난파 작곡

066 분수

김춘수 작사 / 조두남 작곡

느리게

067 뻐꾹 왈츠

J. E. 요나손

94

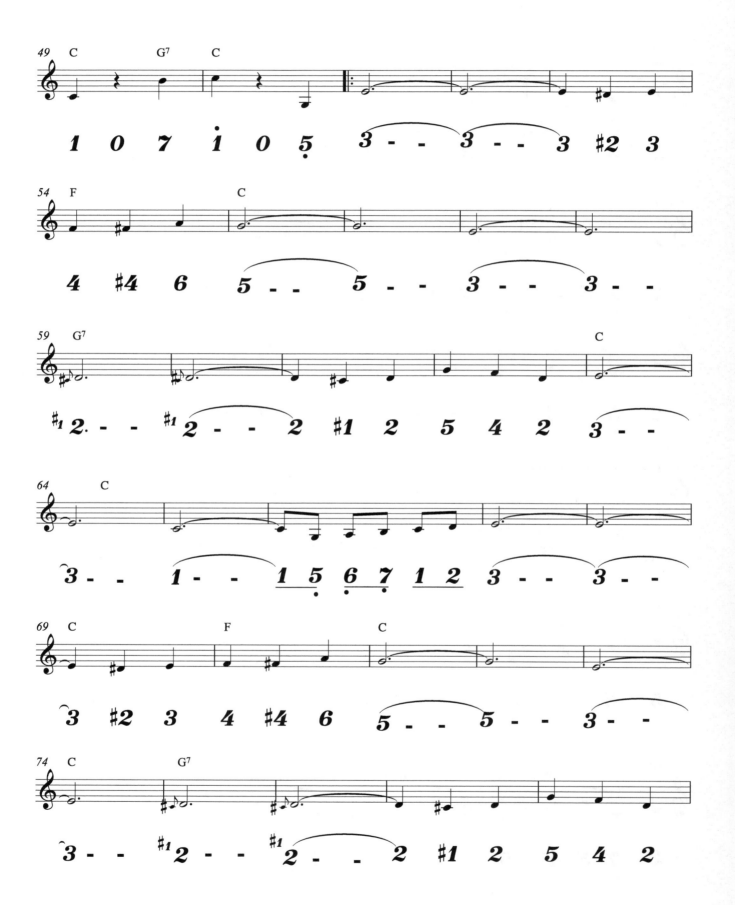

비목

한명희 작사 / 장일남 작곡

사공의 노래

함호영 작사 / 홍난파 작곡

Andantino con moto

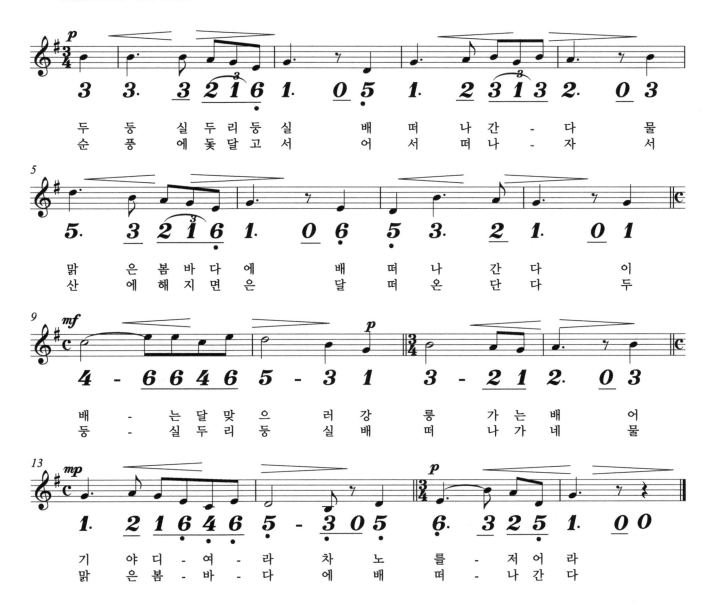

3 3. 3 2 1 6 1. 0 5 1. 2 3 1 3 2. 0 3
두 둥 실 두리둥 실 배 떠 나 간 - 다 물
순 풍 에 돛 달 고 서 어 서 떠 나 - 자 서

5. 3 2 1 6 1. 0 6 5 3. 2 1. 0 1
맑 은 봄 바 다 에 배 떠 나 간 다 이
산 에 해 지 면 은 달 떠 온 단 다 두

4 - 6 6 4 6 5 - 3 1 3 - 2 1 2. 0 3
배 - 는 달 맞 으 러 강 릉 가 는 배 어
둥 - 실 두 리 둥 실 배 떠 나 가 네 물

1. 2 1 6 4 6 5 - 3 0 5 6. 3 2 5 1. 0 0
기 야 디 여 라 차 노 를 - 저 어 라
맑 은 봄 - 바 - 다 에 배 떠 나 - 간 다

사모곡(김용호)

신사임당 작사 / 김용호 작곡

천천히 애틋한 마음으로

3. 3 3 - 2 3 2 1 - 6 1. 7 6 1 2 3 - 3. 3
늙 으

3 - 2 3 1 1 - 6 1. 7 6 1 2 3 - 3
신 어머님은 고 향 에계옵신데 어

3 - 6 5 6 5 3 - 2. 2 1. 7 6 1 7 6 - 5
이 먼서울길 을 나만홀 로가야는가 저

1 - 7 1 7 6 - 1 2. 1 7 1 2 3 - 3. 3
문 산 - 고 개 고 향 - 돌아보면 흰 구

3. 3 6 5 6 5 3 - 2 3. 2 7 1 6 - - 6 -
름 만흰구 - 름 만 머르 - 러 - 라

사월의 노래

박목월 작사 / 김순애 작곡

산 도라지(김용호)

서태순 작사 / 김용호 작곡

Andantino

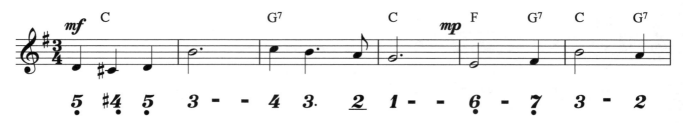

혼 자 살 다 홀 로 죽 은
저 - 높 은 별 그 리 던

소 녀 의 넋 이 - - - - 초 롱 한
소 녀 의 꿈 이 - - - - 초 롱 한

발 자 욱 자 - 욱 별 이 지 는 곳
눈 망 울 망 - 울 별 이 비 치 네

서 린 슬 픔 에 바 랜
외 진 곳 바 위 섶 에 별 그 리 던 꽃

073 산(조두남)

허윤석 작사 / 조두남 작곡

너무 느리지 않고 아름답게

소리없는 가랑비에 눈물씻는 사슴인가 영을넘는 구름보고
싸리덤불 새순밭에 숨어우는 사슴인가 속잎피는 봄이좋아
목이쉬어 우노라네
산을보고 우노라네
아 - - - 아

산에산에사노라 사향나무 가지마다
동백나무 가지마다

눈물먹은 꽃이피면 푸른언덕
송이송이 꽃이피면 나물캐는

그늘아래 숨은새도 울고가네
산골처녀 물소리에 귀를씻네

Fine

104

산들바람

정인섭 작사 / 현제명 작곡

Aandante

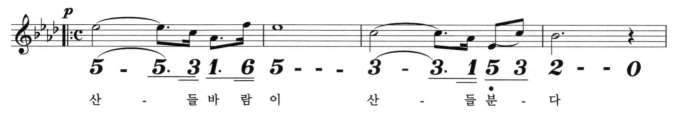

5 - 5. 3 1. 6 5 - - - 3 - 3. 1 5 3 2 - - 0

산 - 들바람이 산 - 들분 - 다

1 3 5 6 5 4 3 - 1 3 5 6 5 4 3 - 5. 3 1 6 5 7 2 1 0 5 - -

달밝은가을밤에 달밝은가을밤에 산 들바람분 - 다 아

5 6 5 4 3 2 1 3 5. 3 2 1 2. 1 1 - - 0 1 - - 0

너 - 도가면 이 - 마음어 이 해 해

꽃 - 이지면 이 - 마음어 이

산(하대응)

김소월 작사 / 하대응 작곡

Andantino

산유화(김성태)

김소월 작사 / 김성태 작곡

새가 되어 배가 되어

이은상 작사 / 김용호 작곡

천천히 그리운 정으로

생일 축하

Waltz

```
C                          G7      C                      G7       C
5  5  6  5    1  1  7  -    5  5  6  5    2  2  1  -
생 일 축 하    합 니 다      생 일 축 하    합 니 다
Happy - Birth - day  to - you    Happy - Birth - day  to - you

C                                  F    C      G7      C
5  5  5  3    1  7  6    4  4  3  1    2  2  1  -
사 랑 하 는   (어 머 니)   생 일 축 하   합 니 다
Happy - Birth - day  Dear my  ?    Happy - Birth - day  to - you
```

079 생일의 노래

이금희 작사 / 박상엽 작곡

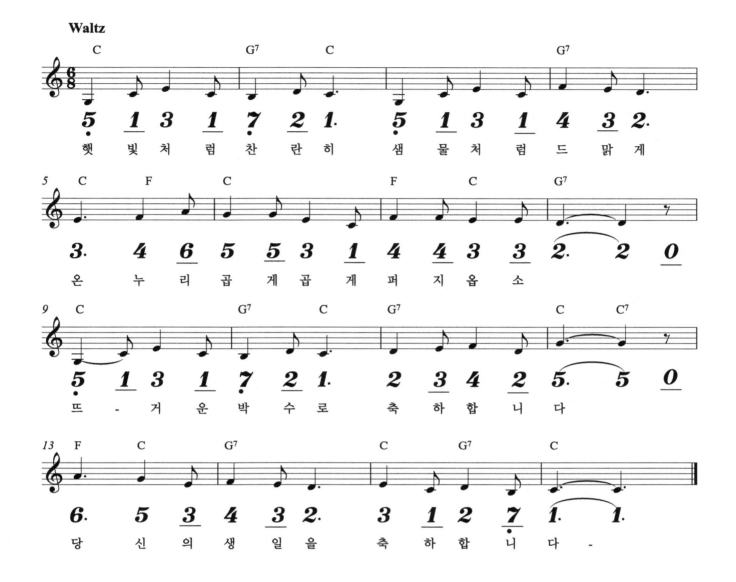

080 수선화

김동명 작사 / 김동진 작곡

081 선구자

윤해영 작사 / 조두남 작곡

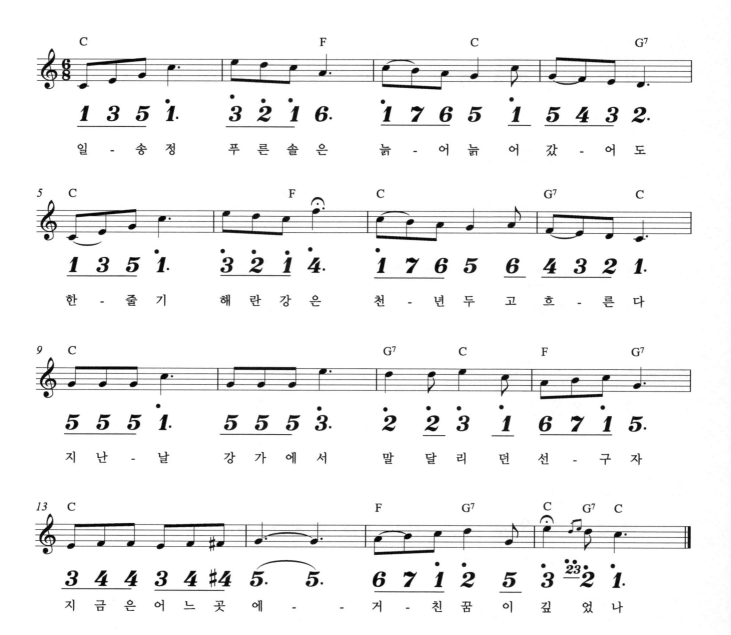

114

성불사의 밤

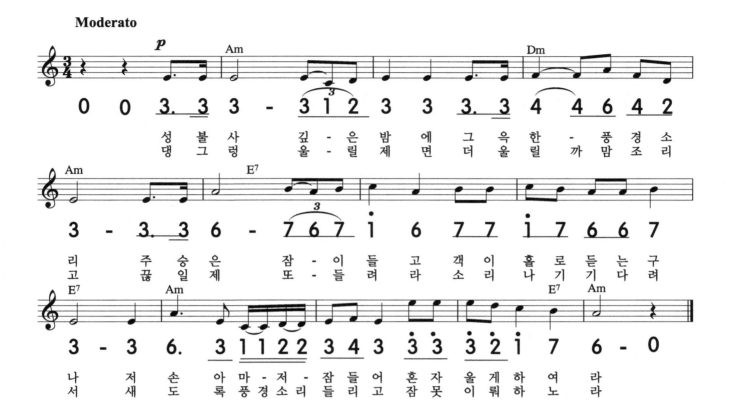

Moderato

p Am · · · · Dm

0 0 3. 3 3 ― 3 1 2 3 3 3. 3 4 4 6 4 2

성 불 사 깊 ― 은 밤 에 그 윽 한 ― 풍 경 소

댕 그 렁 울 ― 릴 제 면 더 울 릴 까 맘 조 리

Am E7

3 ― 3. 3 6 ― 7 6 7 1 6 7 7 1 7 6 6 7

리 주 승 은 잠 ― 이 들 고 객 이 홀 로 듣 는 구

고 끊 일 제 또 ― 들 려 라 소 리 나 기 기 다 려

E7 Am E7 Am

3 ― 3 6. 3 1 1 2 2 3 4 3 3 3 3 2 1 7 6 ― 0

나 저 손 아 마 저 ― 잠 들 어 혼 자 울 게 하 여 라

서 새 도 록 풍 경 소 리 들 리 고 잠 못 이 뤄 하 노 라

신 아리랑

양명문 작사 / 김동진 작곡

송별

김광섭 작사 / 김순애 작곡

아! 가을인가

김동환 작사 / 나운영 작곡

086 아무도 모르라고

김동환 작사 / 임원식 작곡

어머니께 드리는 노래

윤석중 작사 / 이수인 작곡

정중하게

```
5 - 1 2 3.  4 3 1  2 1 7 1 2 3  1 - - 0
```

```
5 - 1 2 3.  4 3 2  1 7 6 7 1 2 1 6  5 - - 0
```
그 뜻 을 거 슬 려 서 맘 아 프 게 해 - 드 - 림
어 릴 제 들 려 주 신 어 머 니 의 자 - 장 - 가

```
5 - 1 2 3.  4 3 1  2 1 7 1 2 3  1 - - 0
```
이 제 와 생 각 하 니 가 슴 뭉 클 합 니 다
지 금 도 봄 에 배 어 밤 에 단 잠 듭 니 다

```
2. 2 2 3  4 3 2 1 6 -  5 1 7 1 2 3 4 3  2 - - 0
```
일 - 에 서 손 - 떼 시 고 오 늘 하 루 쉬 - 소 - 서
새 록 새 록 고 - 마 우 신 어 머 니 의 사 - 랑 - 을

```
3. 4 5 3  6 5 4 3 2 -  6 6 7 6 5  7 2  1 - - 0
```
아 들 딸 이 마 - 련 - 한 어 머 니 의 날 입 니 다
눈 - 감 고 살 펴 보 - 는 어 머 니 의 날 입 니 다

```
2. 2 2. 3  2 1 7 6 5 -  6 7 1 7 1 2 3  4 - - -
```
붉 은 빛 - 카 네 이 션 은 살 아 계 신 표 하 - 지

```
6. 6 5. 6  5 4 3 2 6 -  5 6 7 6 5  7 2  1 - - 0
```
하 얀 빛 - 카 네 이 션 은 돌 아 가 신 표 라 - 지

088 어머니날 노래

윤석중 작사 / 김순애 작곡

089 어머니의 마음

양주동 작사 / 이흥렬 작곡

어머님 은혜

윤춘병 작사 / 박재훈 작곡

뜻을 생각하며

높 고높 은 하늘이라 말 들하 - 지만 -

나 는나 는 높 - 은게 또 하나 - 있지 -

낳 으시고 기르시는 어 머님 - 은혜 -

푸 른하 늘 그보다더 높 은것 - 같 애 -

124

091 어부의 노래

김덕진 작사 / 작곡

092 언덕 위의 집

미국민요

느리게

D G D A7
5.5 5 1 2 3 1 7 6 4 4 4 4 3 4 5 1 1 1 7 1 2. 2 5.5
들 소 들 이 뛰 고 노 루 사 슴 노 는 그 곳 에 나 의 집 지 어 주 - 격 정
하 늘 맑 게 개 고 바 람 자 유 로 워 이 내 맘 조 차 상 쾌 하 다 - 도 시
5
D G D D
5 1 2 3 1 7 6 4 4 4 4 4 4 3. 2 1 7 1 2 1. 1 0
근 심 없 고 구 름 한 점 없 는 그 곳 에 나 의 집 지 어 주
화 려 한 집 나 를 유 혹 해 도 들 위 에 내 집 안 떠 나 리
9
D A7
5. 4 3. ♯2 3. 3 5 5 1. 1 1 1 7 1 2. 2 5. 5
언 덕 위 에 집 - 노 루 사 슴 이 뛰 어 놀 고 - 격 정
13
D G D G
5 1 2 3 1 7 6 4 4 4 4 4 3. 2 1 7 1 2 1. 1.
근 심 소 리 들 리 지 않 는 곳 구 름 한 점 도 없 는 그 곳

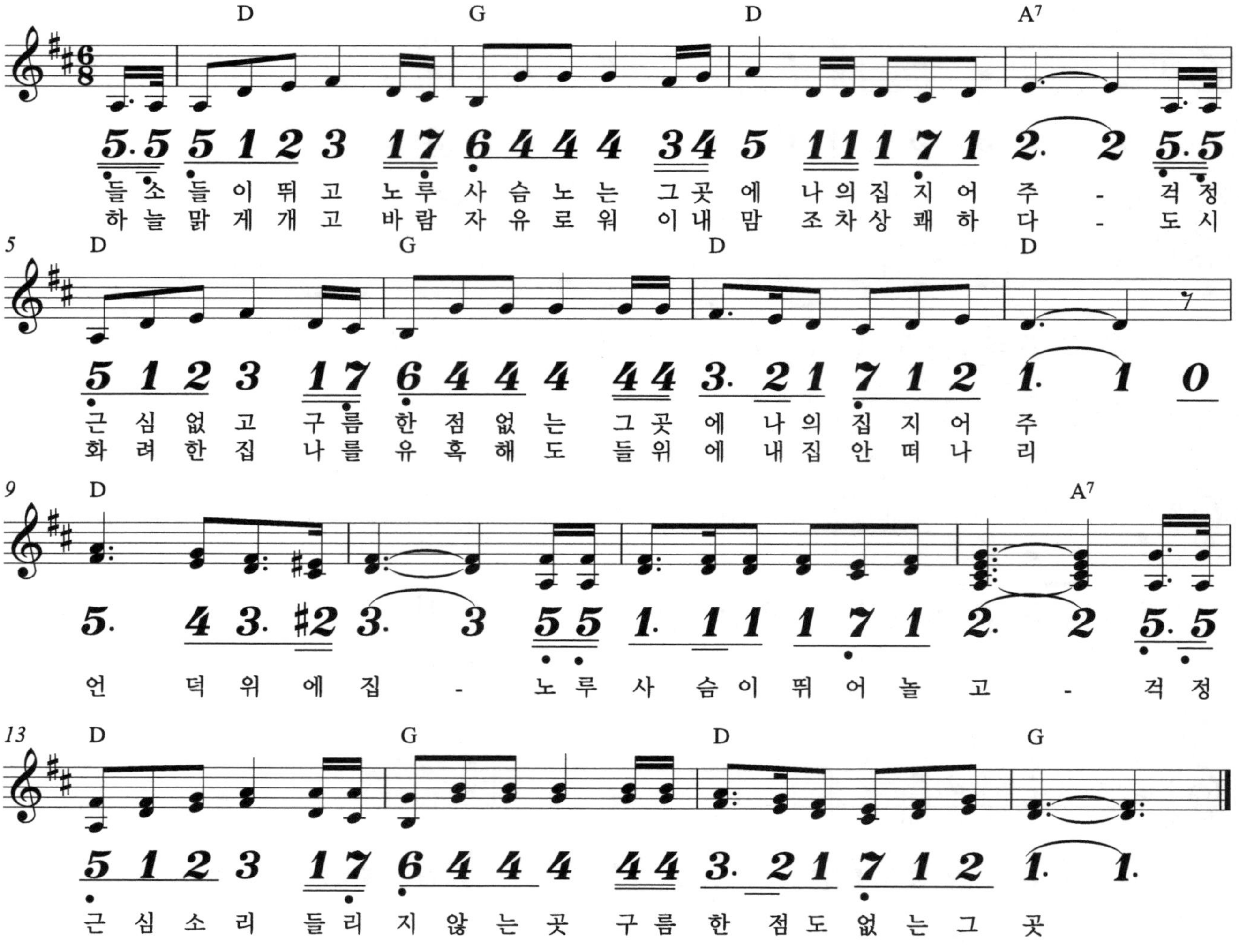

언덕에서

민형식 작사 / 김원호 작곡

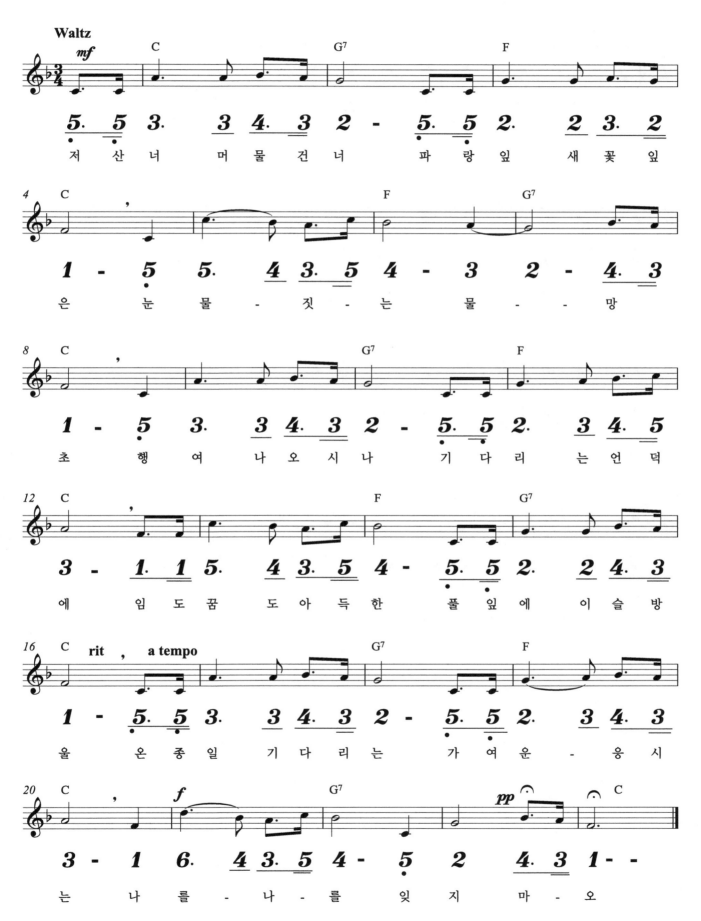

옛 동산에 올라

이은상 작사 / 홍난파 작곡

옛 이야기(정세문)

김소월 작사 / 정세문 작곡

Andante

고요하고 어두운 밤이 오며는
제 한 몸도 예전엔 눈물 모르고

어스레한 등불에 밤이 오면은
조그마한 세상을 보냈습니다

외로움에 아픔에 다만 혼자서
그 때는 지난날의 옛이야기도

하염없는 눈물에 저는 웁니다
아무 설움 모르고 외웠읍니다

옛날은 가고 없어도

손승교 작사 / 이호섭 작곡

오라

현제명 작사 / 작곡

옥잠화(이흥렬)

박종화 작사 / 이흥렬 작곡

옥저

김상우 작사 / 김세형 작곡

이별의 노래

Moderato (보통빠르게)

5　1　**7 1 2** -　**2 3 3 2 3** -　**3 4 4 3 6.**　5　**4 3 7 1 2** -

1 - 1 5　1　**7 1 2** -　**2 3 3 2 3** -　**3 4 4 3 6.**　5
나 의 마 음 - 그 대 에 게 - 바 치 려 하 는

4 3 7 1 2 -　**2 3 3 2 1** -　**3 4 2 3 4 5 3 4** 6 2 -#4**3 2**
이 한 노 래 를 - 들 으 소 서 그 - 대 를 위 한 노 래 아 - 정 -

2 #4**3 2** 5　3　**7 1 2** -　**2 3 3 2 3** -　**3 4 4 3 6.**　5
답 게 나 의 가 슴 - 불 타 올 라 - 나 의 순 정 을

4 3 7 1 2 -　**2 3 3 2 1** -　**5 6 6 5 4 5 3 4**　**7 1 1 7 6 7** #**5 6**
받 아 주 소 서 - 그 리 운 임 떠 나 가 면 나 만 홀 로 괴 로 움 을 어 이 하 리

1 2 7 1 2 3 1 2 ³**3** -　**3 2 1 6** 7 -　**1 7 6 3** 5 -　**6 5 4 1**
언 제 다 시 만 나 려 나 아 - 그 리 운 임 나 의 순 정 을 잊 지 마

3 - **3 2 1** #**5** 3 - **3 2 1** #**5** 3 - **3 2 1 5** 1 - - -
소 - 그 리 운 님 - 나 의 순 정 - 그 리 운 님

이슬

피천득 작사 / 김순애 작곡

잊을래도(정원상)

김태홍 작사 / 정원상 작곡

103 자장가

김영일 작사 / 김대현 작곡

예쁘고 아름답게

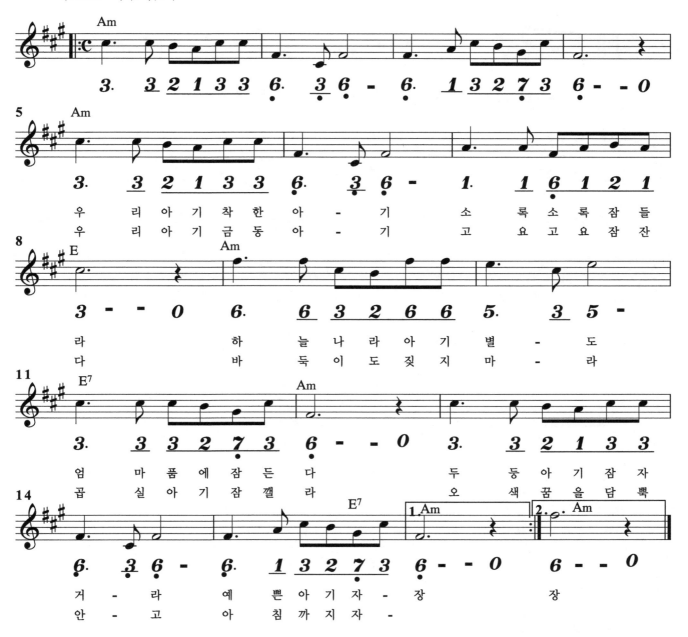

자장가(이흥열)

김동환 작사 / 이흥열 작곡

장미의 아침

이원수 작사 / 나운영 작곡

사랑스럽게

장안사

이은상 작사 / 홍난파 작곡

Moderato

장 하 던 금 전 벽 위 찬 재 되 고 남 은 터 에 이 루

고 또 - 이 루 어 오 늘 을 보 이 - 도 다 흥 망

이 산 중 에 도 있 다 하 - 니 - - - -

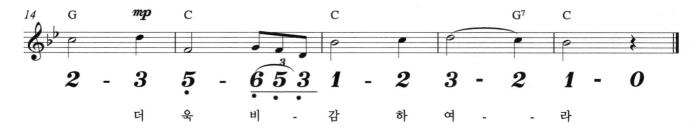

더 욱 비 - 감 하 여 - - 라

저 구름 흘러가는 곳

김용호 작사 / 김동진 작곡

전원의 노래

박기원 작사 / 김윤영 작곡

천천히 유창하게

즐거운 농부

R. Schmann

Allegro animato (활기있게)

들 에 나가 아 침햇빛맞고 밭 을갈고김을매서땀 흘 리 면 즐

거 웁게 점 심밥을먹고 또 바쁘게일하는중벌 써 들 려 오

는 저녁 종 소리들으며 팽 이 호미 어 깨 에 메 - 고 내

집찾아돌아가는저 농 부 들 팔 다 리 에 피로를느끼나 떳

떳 하게 보 람있는직분 다 하여서만족하고즐 거 우 리

143

제비(가곡)

김소월 작사 / 조두남 작곡

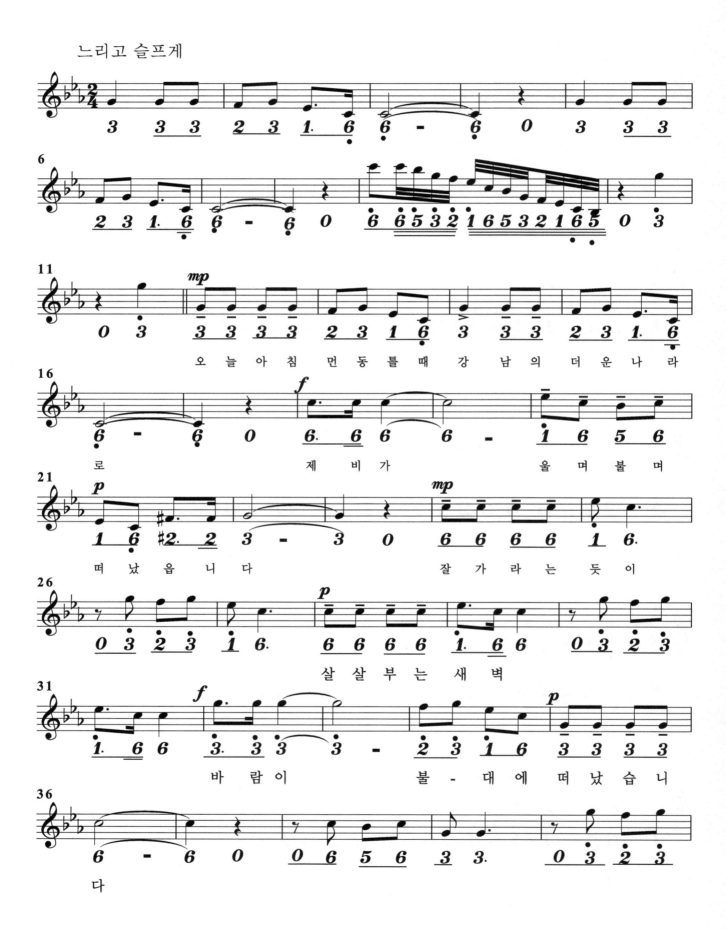

청산에 살리라

김연준 작사 / 작곡

Moderato (간절한 마음으로)

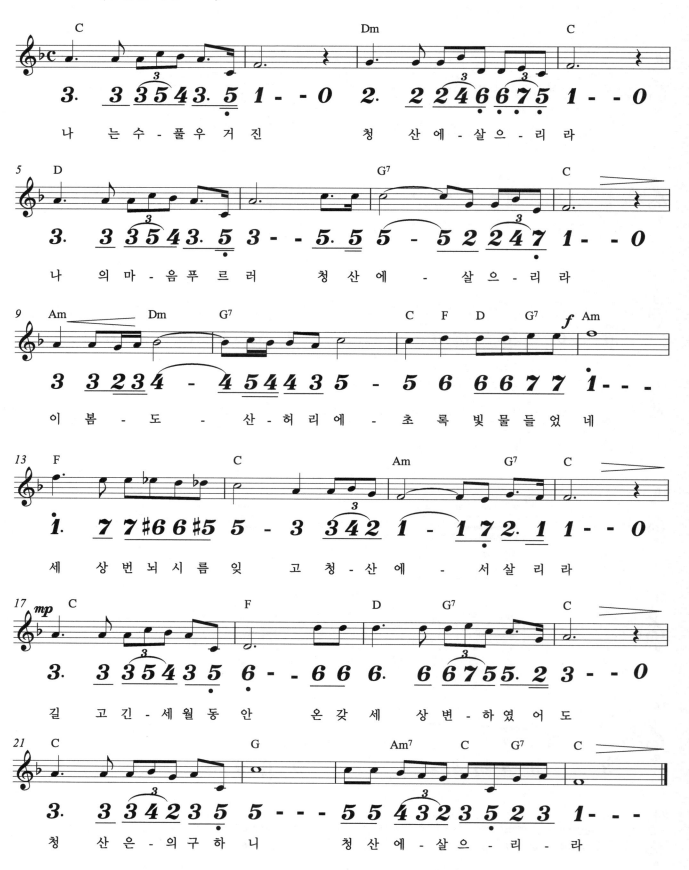

추억(김성태)

조병화 작사 / 김성태 작곡

춘향가 중 사랑가

이서구 작사 / 현제명 작곡

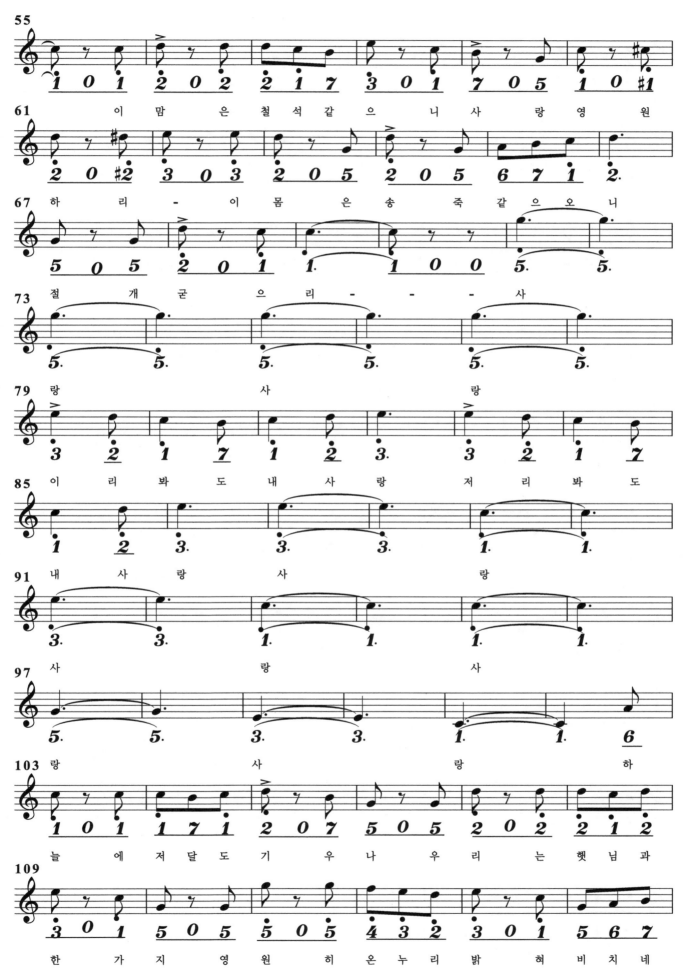

코스모스를 노래함

이기순 작사 / 이흥열 작곡

115

트로이카

116 한송이 흰 백합화

김호 작사 / 김성태 작곡

Moderato grazioso

희망의 나라로

현제명 작사 / 작곡

힘차게

C　　F　　　　　　　C　　　　　G⁷　　　　C

i　5　6　7　i　2　i　6　5　6　3　2　1.　2　3　5　4　2　1 - - 0

5　C　　F　　　　　　C　　　　　　　G

i　5　6　7　i　2　i　6　5　6　3　2　1.　2　3　4　5　6　2 - - 0
배 를 저 어 가 자 험 한 바 다 물 결 건 너 저 편 언 덕 에

9　C　　F　　　　　　C　　　　　G⁷　　　　C

i　5　6　7　i　2　i　6　5　6　3　2　1.　2　3　5　4　2　1 - - 0
산 천 경 계 좋 고 바 람 시 원 한 곳 희 - 망 의 나 라 로

13　　　C　　　　　　　　G　　Am　　　C　　G⁷

2.　2　5　6　5　4　3　1　3　5　6　i　2　5　i　3　6　2　5　i　7　6　5.　6　7
돛 을 달 - 아 라 부 는 바 람 맞 아 물 결 넘 어 앞 에 나 가 자

17　C　　F　　　　　　C　　　　　G⁷　　　　C

i　5　6　7　i　2　i　6　5　6　3　2　1.　2　3　5　4　2　1 - - 0
자 유 평 등 평 화 행 복 가 득 찬 곳 희 - 망 의 나 라 로

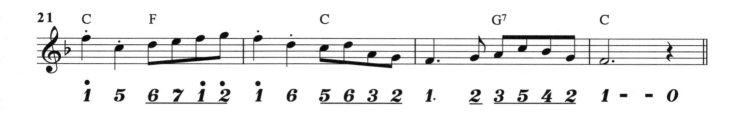

21

Harmonica Masterpiece Series vol.05
Korean Lyric Songs Repertoire

하모니카
명곡집 ⑤
가곡 편

초판 발행일 2024년 11월 20일

편저 정옥선
사보 정옥선
발행인 최우진
편집·디자인 편집부

발행처 그래서음악(somusic)
출판등록 2020년 6월 11일 제 2020-000060호
주소 (본사) 경기도 성남시 분당구 정자일로 177
    (연구소) 서울시 서초구 방배4동 1426
전화 031-623-5231 **팩스** 031-990-6970
이메일 book@somusic.co.kr

ISBN 979-11-93978-35-1 14670
    979-11-93978-39-9 14670(세트)